Drehbuch für ein Hörspiel

Roberta

von

Paul Riedel

www.paul-riedel.de

©Paul Riedel, München 2019

Printed in Germany

Umschlag: © Paul Riedel, München 2019

Korrektorat: Bernhard Kohl, München 2019

Lektorat: Karin Bergs, München 2019

Erste Auflage 2019

Bibliografische Information der Deutschen Nationalbibliothek: Die Deutsche Nationalbibliothek verzeichnet diese Publikation in der Deutschen Nationalbibliografie; detaillierte bibliografische Daten sind im Internet über dnb.dnb.de abrufbar.

© 2019 Paul Riedel

Herstellung und Verlag

BoD – Books on Demand, Norderstedt

ISBN: 978-3-7494-7806-4

Regieangaben

Spiellänge: 30 Minuten

Genre: Komödie

Charaktere

- Männlich
  - Klaus
  - Olaf
  - Georg
  - Killian
- Weiblich
  - Roberta
  - Agneta
  - Laila
  - Ricarda

Vom Autor

Ist Mobbing unsichtbar, oder wollen wir unsere Augen davor verschließen?

Wenn wir Mobbing erkennen, empfinden wir dann unsere Neutralität als Mittäterschaft?

Mobbing ist nicht neu. Die Frage ist jedoch: *Wurde es jemals als unerlaubte Handlung oder sogar als Delikt erkannt?*

Man erfindet immer neue Adjektive, um dieses Verbrechen zu verharmlosen.

Viele Fragen standen im Raum, als ich meinen ersten Entwurf schrieb.

Für die Entstehung dieses Hörspiels wurden sechs Mobbing-Opfer interviewt und bei allen verhielten sich die Umstände erstaunlich ähnlich:

- Keiner im Umfeld des Mobbingopfers habe etwas bemerkt.
- Jeder meinte, die Opfer wären zu empfindlich. *Es wäre nicht so gemeint...*
- Das Gesprochene wurde ganz aus dem Kontext gerissen.
- Viele waren überrascht, welche Effekte Worte haben können oder
- Das Opfer wäre nicht kritikfähig.

Die Social Media fing als harmloser Ersatz für Vereine und Zusammentreffen von Gleichgesinnten an.

Zwischenzeitlich haben sich sogar Kontaktportale - also dort in denen eigentlich die Liebe gefunden werden sollte - zu neuen Prangern entwickelt, wo Menschen öffentlich zur Schau gestellt werden, wie früher auf den Marktplätzen des Mittelalters.

Da fragt man sich, warum entwickeln wir uns sozial nicht weiter?

In diesem Hörspiel bringe ich nur eine der vielen Varianten von: „*Was wäre, wenn...*".

Intro

Musikalische Untermalung

an

Computerscan läuft

KLAUS
Dieser Knopf?

OLAF
Lass das. Lese Du vor und ich stelle "meine" Roberta ein.

KLAUS
Wieso muss ich lesen? Ich kann auch die Einstellungen
selbst vornehmen.

BLÄTTERN

OLAF
Ich habe das gekauft. Also liest Du.

KLAUS
HUHMMMPF. Bitte. Drücke die Knöpfe A und B
zusammen, bis das Blaulicht drei Mal blinkt.

MASCHINE AN
Drei Mal Piep

ROBERTA
System On. Guten Morgen. Wie heißt Du?

KLAUS
Ich heiße Klaus.

OLAF
Halte die Klappe. Ich stelle sie ein.

SESSELQUIETSCHEN

KLAUS
Bitte. Wenn Du alles besser kannst.

OLAF
Ich heiße Olaf.

ROBERTA
Hallo Klaus Olaf. Ich bin Roberta. Was wollen wir als
Erstes tun?

OLAF
Schau was Du eingestellt hast.
Ich wurde jetzt zu Deinem Nachnamen.
Lese nach, wie man so was korrigiert.

KLAUS
Doof. Diese Roberta ist doof.

Musikalische Untermalung
wechseln

ROBERTA

Ich bin fähig alle Substantive und Adjektive zu klassifizieren und diese in sinnvoller Form wiederzugeben.
Was wollen wir als Erstes tun?

OLAF

Klaus, ich hoffe nur, dass Du sie nicht kaputt gemacht hast. Alle im Büro haben eine Roberta und wir schaffen das nicht sie einzustellen. Was wird man von uns denken?

Pause

Einstellungen

KLAUS

Du musst vorher ihren Namen sagen.

OLAF

Halte die Klappe. Das weiß ich. Ich habe nur getestet. Aham... Huhmmm ... Roberta, Einstellungen.

ROBERTA

Was sollen wir einstellen Klaus Olaf?

OLAF

Mein Name ist falsch.

KLAUS

Ihr Name.

OLAF

Ruhe. Roberta, korrigiere meinen Namen.

KLAUS

Du musst die gesamte Aktion angeben, so wie: Roberta, Einstellungen, bitte korrigiere meinen Namen von Klaus Olaf zu Klaus. So einfach geht das.

OLAF

Roberta.

Digitaler Effekt

ROBERTA

Ja, Klaus.

OLAF

Siehst Du?

Du hast alles kaputt gemacht.

KLAUS

Ich bereite unsere Party vor und Du kannst allein mit Roberta ...

ROBERTA

Ja, Klaus

OLAF

Ruhe.

ROBERTA

Klaus, ich habe Dich nicht verstanden.

OLAF

Raus hier.

Du hast alles kaputt gemacht.

Schau lieber nach, ob die Getränke für die Gäste vorbereitet sind. Julia hat Geburtstag und unser Patchwork-Poetry soll ihr Geburtstagsgeschenk werden.

Bis ich Roberta korrekt eingestellt habe, wird es wegen Deiner Hilfe noch lange dauern. Wenn Ricarda davon erfährt, dass ich technische Einstellungen nicht alleine schaffe, bin ich meinen Posten los.

KLAUS

Oh mein Gott, ein mechanisches Gedicht vorgetragen von einer Aludose, namens Roberta...

Digitaler Effekt

ROBERTA

Ja, Klaus.

KLAUS

Was für ein Geschenk.

ROBERTA

Bitte wiederholen...

Digitaler Effekt

KLAUS

Wie schaltet man diesen Mist aus?

OLAF

Du musst vorher ihren Namen sagen. (geäfft.)

KLAUS

ICH bereite die Party vor und DU probierst mit Roberta

ROBERTA

Ja, Klaus.

Digitaler Effekt

KLAUS

Arrrggg! Deine technischen Fähigkeiten aus.

OLAF

Flippe nicht aus. Es ist nicht Robertas Schuld...

ROBERTA

Ja Klaus Olaf. Was wollen …

Digitaler Effekt

OLAF

Roberta, Ruhe bitte. Siehst Du? Zivilisiert geht es auch.

KLAUS

Um Himmels Willen. Viel Spaß ihr Zwei.

TÜR ZU

OLAF

Roberta nimm alles bei der Party für das Patchwork-Gedicht auf.

ROBERTA

Wo ist Klaus?

Türschelle

KLAUS
Oh mein Gott, Ihr seid aber früühhh. Agneta mein
Schatz. Killian, Du Hengst. Kommt rein.

Tür auf
Begrüßungslärm

AGNETA
Wo ist Olaf?

KLAUS
Er stellt ein Gerät ein.

Wir werden von ihm heute Abend bestimmt nichts
mehr hören.

Er hat ein schlechtes Gewissen und will Julia mit einem
Patchwork-Gedicht überraschen.

KILLIAN
Was soll das sein?

KLAUS
Jeder spricht einen Satz, was er oder sie über Julia denkt
und das Gerät, Roberta, fügt alles zusammen und trägt
es dann mit einem musikalischen Hintergrund in den
Social Media vor. Und man bekommt viele Liebes-Likes.

Dann wird das in unser Profil übertragen und wir
waschen uns vom Mobbing rein.

Technischer Mist, wenn man selbst nichts zu sagen
weiß.

Sorry, aber ich fühle mich auch schuldig an dem Ganzen.

KILLIAN
Uhau. Ihr habt eine Roberta gekauft?
Julia fängt sich wieder.
Wir wollen auch eine Roberta anschaffen.

KLAUS
Roberta ist gar nicht teuer.

KILLIAN
So wie ich es gelesen habe, muss man keine Geräte
kaufen, weil das bereits in allen Handys und Computern
als Anwendung automatisch im Hintergrund läuft.

Scan Effekt

KLAUS
Die Dose sieht gut aus.

AGNETA

Gibt es hier was zu trinken?
Ich bin am Verdursten.

KLAUS

Wasser?

AGNETA

Ich habe mich heute schon gewaschen, bring mir
Whisky.

Gläser klirren

KLAUS

Ach, ja, klaro.

Alle lachen
Ausblenden

Die Gäste

Einblenden
Türschelle

KLAUS
Bitte sauf nicht alles aus, Agneta. Noch sind nicht alle
Gäste da. Letztes Mal bist Du fast ins Koma gefallen.

Tür auf

KLAUS
Georg. Wie geht es Dir mein Schatz.

GEORG
Ich habe Laila mitgebracht.

Fußbewegungen

KLAUS
Liebes!
Wie könnte ich Dich übersehen?
Aber wer kann schon vermuten, dass Du Dich tagsüber
überhaupt aus dem Haus traust?

LAILA
Du mich auch, Schatz. Du mich auch.

Luftküsse

KLAUS
Ich vergaß. Komm rein Laila.

Kanal Änderung
Als würde man zu den
anderen sprechen

Wenn man das nicht sagt, dürfen Menschen wie sie die
Türschwelle nicht überschreiten.

AGNETA
Laila mein Schatz. Höre nicht auf diese alte Tucke.

Er ist nur sauer, weil Olaf lieber mit Roberta Zeit
verbringt als mit ihm.

Füße Geräusche

LAILA
Hallo Agneta. Wer ist Roberta?

KILLIAN
Das ist die neue Anschaffung von Olaf und Klaus.

Eine Assistentin, die alles vereinfachen soll.

Sie wollen sich bei Julia reinwaschen.

GEORG
Ach, Julia ist zu empfindlich. Es ist Business.

Ich habe über Roberta Systems etwas gelesen.

Einige Gegner der Digitalisierung sehen Probleme
wegen der Privatsphäre.

Killian
Wer fehlt denn noch?

KLAUS
Nur noch Ricarda.

Ich mag diese Geräte nicht sonderlich. Ich komme mir
dabei beobachtet und überwacht vor.

Was passiert, wenn so ein Gerät gerade in den
intimsten Momenten dabei ist und etwas aufnimmt,
was man gar nicht öffentlich zeigen will?

LAILA
Klaus, wenn das Ding von Dir was zeigen soll, was die
Welt noch nicht gesehen hat, dann müsstest Du das
Gerät verschlucken.

AGNETA
<hahh hahh>.

Killian plaudert bestimmt mehr Details in der Gegend
rum, als diese Roberta je aufnehmen wird.

<hahhh hahh>

Eingießen
Tür auf

OLAF
Hallo Allerseits. Ich bin fertig mit den Einstellungen
meiner Roberta.

KILLIAN
Ist das die neue Roberta?

Digitaler Effekt

AGNETA
Sie sieht geil aus. Mach auf. Kann man daraus trinken?

LAILA
Oh bitte. Falle in Ohnmacht Liebes.

GEORG
Laila, Du hast versprochen, nett zu sein.

KLAUS

Georg, glaube nie an Menschen ohne Seele.

Digitaler Effekt

OLAF

Aufpassen. Sie nimmt alles auf.

KLAUS

Aber Du musst vorher ihren Namen sagen.

OLAF

Klaus, Du weiß gar nichts. Ich habe alles korrekt eingestellt und Roberta kennt mich jetzt auch.

ROBERTA

Hallo Olaf. Was wollen wir tun?

Digitaler Effekt

AGNETA

Oh Gott. Sie spricht wie Ricarda, die Schlampe.

LAILA

Agneta. Bitte.

AGNETA

Was denn? Ricarda spricht schlecht über Julia. Sie ist schamlos und schleimt sich bei den Chefs der Firma ein.

Schlucken

Sie ist eine Karrieresau.

ROBERTA

Murmeln

Karrieresau

KLAUS

Wie jeder von uns, Agneta. Das tust Du auch und keiner von uns nennt Dich Schlampe.

OLAF

Ich lege Roberta hier hin, dann kann sie in Ruhe arbeiten. Passt auf, was ihr sagt. Ich will Julia mit einem Patchwork-Gedicht überraschen.

LAILA

Wie scheinheilig.

Und damit hoffentlich Julia versöhnen, damit sie uns nicht wegen Mobbings anzeigt.

GEORG

Meint ihr, dass sie überhaupt mitkriegt, was da los ist?

OLAF

Schusch Alle. Wechseln wir das Thema.

KILLIAN

War Roberta teuer?

Scanner

Roberta

Hallo Killian.

KLAUS

Nein. Wir mussten nur unsere arme Seele in einen faustischen Vertrag versprechen.

AGNETA

Wo bleibt Ricarda?

LAILA

Sie verführt bestimmt wieder einen Minderjährigen auf der Autobahn, bevor sie sich hierher begibt.

ROBERTA

Ricarda ... Autobahn A99 ... Raststätte Vaterstetten.

KILLIAN

Was plappert das Ding?

Klaus

Ignoriert sie und sagt nicht ihren Namen.

Killian

Ich habe zu viel Bier intus.
Wo ist Dein Klo? Ich muss meine Maß abliefern.

AGNETA

Musst Du immer alles so genau erzählen.

Gott, was für ein Rüpel.

KLAUS

Dort Links.

Schritte entfernen sich
Tür schließen

LAILA

Wie lang hältst Du es mit Killian noch aus? Ich hätte ihn bereits vor Monaten hinausgeworfen.

GEORG

Killian trinkt aber viel.

ROBERTA

Killian.

AGNETA

Killian ist gut im Bett und hat Geld.

KLAUS

Du Agneta, hast ihn auch nur von Julia ausgespannt, weil sie Dir bei Männern beliebter ist.

Ich fand das nicht in Ordnung.

ROBERTA

Agneta.

Scanner

OLAF

Du hättest Killian wohl lieber für Dich.
Julia ist naiv und gutgläubig. Ihr den Liebhaber
auszuspannen macht keinen Spaß.

ROBERTA

Klaus.

Scanner
Prozess Abschließen

LAILA

Agneta hat Julia nicht Killian ausgespannt. Killian hat
halt bei Agneta einfach mehr frau gefunden als bei Julia.

Julia ist ein gutes Lockmittel für die Firma und für
unsere Social Media, aber sie selbst kann keinen Mann
lang halten...
...genau wie wir.

AGNETA

<lach>

KLAUS

Killian ist zu primitiv für mich. Ich würde mich niemals
mit so einem abgeben.

ROBERTA

Killian...

GEORG

Er kommt, lass das.

Hey Killian, bitte keinen Bericht über deinen Besuch am
stillen Örtchen. Das will keiner wissen.

ROBERTA

Georg...

KILLIAN

Was habt ihr über mich getratscht?

OLAF

Wir haben heute ein interessanteres Thema, als Dich.

Wir haben Roberta.

ROBERTA

Hallo Olaf, was wollen wir jetzt tun?

Scanner

LAILA

Ich habe das nur als App. Angeblich kann das System im Management auch helfen. Ich habe mehrere Befehle einfach so aus Jux angegeben, aber ich merke nichts. Für mich ist das Ganze nur Zukunftsgeschichte.

AGNETA

Teste mal das, ob das überhaupt funktioniert.

Olaf

Roberta, das ist Killian.

ROBERTA

Hallo Killian.

Prozess Verarbeiten

AGNETA

Na, fängt mal nicht schlecht an.

Olaf

Das Sprachsensorsystem hat einen Match-Recognition Algorithmus, mit einer universellen Voice Reedeem Transition.

AGNETA

Hör auf. Ich habe keinen Dunst von dem, was du gesagt hast, verstanden. Roberta, was meint er?

Roberta

Ich bin fähig das Gesprochene zu Personen und Social Media Profilen einzuordnen.

AGNETA

Roberta, schenk mal etwas Whisky nach.

Roberta

Mit dem Bar-Universal-Mixer T560 Pro Sensor kann ich über 250 verschiedene Drinks zubereiten. Ich setze das auf Agnetas Einkaufsliste.

AGNETA

Katschinn. Das ist aber eine gute Verkäuferin.

KILLIAN

Jetzt ich.

Hallo Roberta. Was haben sie über mich getuschelt.

ROBERTA

Killian ist primitiv, gut im Bett, mag naive Frauen wie Julia und hat Geld.

Aufgeregtes Verarbeiten

KLAUS

Olaf. Ich glaube, Du musst das Ding besser einstellen.
Vor allem, noch bevor Ricarda kommt.

KILLIAN

Wer hat den Mist gesagt?

AGNETA

Schau mich nicht an. Ich hatte mir was serviert und nach
Gläsern gesucht.

LAILA

Im Großen und Ganzen hat Roberta das doch gut
zusammengefasst.

ROBERTA

Klaus meinte mal am Telefon, dass Killians...

OLAF

Roberta, halts Maul.

KLAUS

Du hast Roberta aber sauber daneben eingestellt.

OLAF

Ich habe, ihr wisst schon, wen ich meine, genauso eingestellt wie beschrieben. Ich kann nichts dafür, wenn Klaus am Telefon so indiskret ist.

Alles andere sollte automatisch laufen. Ich bin auch nicht schuld, wenn ihr so viel miteinander tratscht.

KILLIAN

Lustig ist es aber schon. Klaus, willst Du mir nicht verraten, was Du über mich gesagt hast?

KLAUS

Ein andermal.

LAILA

Wir sollten auch über Ricarda sprechen, solang sie noch nicht da ist.

AGNETA

Oh mein Gott. Warum kommt Julia nicht zu ihrer eigenen Party? Dann müssten wir nicht dieses peinliche Gedicht vortragen.

KLAUS

Sie ist sauer wegen der Intrigen im Büro. Sie wird, meint sie, von uns gemobbt.

OLAF

Zum Teil hat sie recht. Laila hat ihre Ideen geklaut und als eigene bei Ricarda verkauft.

LAILA

Ich bin die Managerin. Ich habe ihre Ideen nicht als meine verkauft, sondern lediglich unseren Arbeitsvertrag durchgeführt. Dort steht, dass alles, was sie entwickelt, der Firma gehört und ich bin die Vertreterin der Firma.

ROBERTA

Vertreterin...Diebstahl.

AGNETA

Julia ist zu empfindlich. Schenk mir was ein.

ROBERTA

Empfindlich...

OLAF

Wären die Ideen und Pläne von Julia falsch gewesen, hättest du sie dann auch übernommen?

LAILA

Das ist lächerlich. Ich mache nur meine Arbeit. Nur weil Julia keine starke Frau ist, muss ich nicht an ihrer Unfähigkeit leiden.

ROBERTA

<zzzzzz....zzzz....ssss>

KILLIAN

Trotzdem, wir alle brauchen Julia. Sie kann am besten arbeiten. Ohne sie würden unsere Umsätze bestimmt sinken und einen Ersatz finden wir in der gleichen Qualität nicht.

Deswegen sagen wir ein paar nette Sätze über Julia und übergeben alles an Roberta.

Ich finde die Idee gut.

ROBERTA

Danke Killian. Eine Bewertung über mein System habe ich für Dich gepostet.

Aufnahme und Prozess

Laila

Mensch ist das System schnell.

AGNETA

Das ist aber billig!
Ihr gebt nicht mal Geld für eine Grußkarte aus und jetzt tut ihr so, als wäre eine primitive Zusammenstellung von Stimmen was Besonderes.

Hah! Was Ausgefallenes...

Habe ich das richtig verstanden?

Das ist dröger Schwachsinn. Den Scheiß würde ich nicht mal geschenkt haben wollen.

KLAUS

Nein Liebes. Dir werden wir eine Fläschchen schenken.

ROBERTA

Danke Klaus. Ein Geschenk für Agneta wurde auf Deine Wunschliste aufgenommen.

Soll ich das sofort bestellen?

KLAUS

Olaf, Schatz, schalte den Mist ab.

Olaf

Geht nicht.

KLAUS

Wie? Geht nicht?

AGNETA

Was denn? Ich trinke nur in Gesellschaft.

LAILA

Oh ja. Du bist bestimmt sehr leutselig. Du bist vom morgens bis abends in Gesellschaft.

KILLIAN

Leute, bitte. Das wird zu ernst und wir wollen nicht etwas Unüberlegtes sagen, oder?

OLAF

Nee, vor allem nicht mit dieser Roberta in unserer Mitte.

Roberta

Hallo Olaf, was wollen wir jetzt tun?

LAILA

Läuft sie die ganze Zeit?

KLAUS

Das wissen wir nicht. Wir benutzen sie heute zum ersten Mal.

GEORG

Schalte das ab, bis wir wissen, was wir Julia sagen wollen. Vor allem, wenn Ricarda kommt und dieses Ding so einen Stuss wie bei Killian von sich gibt, sind wir alle am nächsten Tag beim Arbeitsamt.

KLAUS

Ricarda kann ohne uns nichts machen. Etwas wie über Dich, Killian, wird nicht gesagt werden, weil ich denke, Ricarda hat seit einigen Jahrzehnten keinen freiwilligen Sex mehr gehabt.

Lachen

AGNETA

Arme Tramper. Während andere zu viel davon gehabt haben.

KILLIAN

Du weißt, dass ich mit Julia nur geschlafen habe, um sie an die Firma zu binden. Sie wollte zur Konkurrenz wechseln. Zumindest hat Klaus das behauptet.

KLAUS

Ich? Ich bitte Dich. Ich habe niemals insinuiert, Du solltest die Nutte spielen. Ich habe Dich nur gebeten, zu Julia netter zu sein, weil wir sie als Designerin in der Firma brauchen.

ROBERTA

Verstanden.

OLAF

Was murmelt diese Roberta die ganze Zeit?

KLAUS

Ich habe gelesen, dass sie nach jedem Prozess eine Meldung abgibt.

LAILA

Was bedeutet denn "Verstanden"?

OLAF

Das ist bestimmt erst die Spracherkennung. Es sollte mindestens siebzig Minuten lang gesprochen werden, bis Roberta die Sprache einer Person erkennt. Heute wird es mit unserem Patchwork-Gedicht für Julia nichts mehr.

AGNETA

Ich höre Jemand einparken. Das ist bestimmt Ricarda. Hast Du Ginger Ale für den Whisky?

KILLIAN

Du hast aber schon genug.

AGNETA

Sag mir nicht was ich habe, du Gigolo, oder ich schiebe gleich ein paar Wahrheiten hinterher.

KLAUS

Lass sie sich betrinken. Dann schläft sie und hört auf Ärger zu machen.

LAILA

Oh ja. Es ist Ricarda. Mach auf.

RICARDA
Tut mir leid. Es war viel los auf der Autobahn.

ROBERTA
Minderjährige.

KLAUS
Oh mein Gott, schalte dieses Monster ab.

RICARDA
Was meint die Stimme?

OLAF
Ich versuche das Ding auszuschalten.

LAILA
Wir wollen mit der neuen Roberta etwas Nettes über Julia sagen und es ihr als Gedicht senden. Sie hat Geburtstag.

RICARDA
Das wissen wir alle Laila.

Du muss nicht immer das logische erklären. Ich kam nur um mitzumachen, aber ich muss bald weg.

KILLIAN
Sollen wir jetzt loslegen?

AGNETA
Ja. Die Flasche ist bald leer und ich langweile mich hier zu Tode.

GEORG
Sie hat etwas über ihr Maß getrunken.

RICARDA
Das tut sie immer. Machen wir schnell.

OLAF
Roberta, das Patchwork-Gedicht für Julia aufnehmen und am Ende senden.

Roberta
Protokoll – aufgenommen!

KLAUS
Ich fange an. Ich bin der Netteste.

GEORG
Angeber. Dein Süßholzgeraspel wird sie sehr beeindrucken.

LAILA
Klappe, Georg. Machen wir das schnell.

KLAUS

Julia, du bist einmalig und eine gute Freundin.

OLAF

Julia macht uns alle froh.

KILLIAN

Julia ist zuverlässig und hat einen guten Geschmack.

OLAF

Agneta! Du jetzt.

AGNETA

Oh ja. Du bist alles, was wir die ganze Zeit sagen. Ja. Weltfrieden.

OLAF

Mein Gott, kannst Du nicht ordentlich mitmachen?

KLAUS

Lass das. Wir sind fast durch.

LAILA

Julia ist intelligent und fleißig.

GEORG

Ohne Julia fühlen wir uns, als würde ein Teil von uns fehlen.

RICARDA

Julia, jeder von uns vermisst Dich und Du bist ein wichtiger Bestandteil in unserem Team.

OLAF

Roberta, Zusammensetzen und Senden.

KLAUS

Halt. Wir müssen uns das zuerst anhören.

RICARDA

Das meine ich auch. Ich habe das Ding nie zuvor gehört.

AGNETA

Lallend

Haha. Roberta, das ist Ricarda. Was haben wir über Ricarda *jesprochen*?

ROBERTA

Ricarda ist alt und schläft mit Minderjährigen. Sie ist unfähig und braucht das Team. War auf der Autobahn…

RICARDA

Was?

OLAF

Nimm sofort die Batterien raus. Das Ding ist kaputt.

KLAUS
Wer hätte gedacht, dass Julia so depressiv war?

OLAF
Wenn Du das Patchwork-Gedicht gehört hättest, hättest Du Dich auch umgebracht.

KILLIAN
Ich wusste nicht, dass diese Roberta noch zusätzlich alle Telefonate aus den Rechenzentren auswerten kann. Ich kam mir vor wie ein Gigolo.

AGNETA
Du bist ein Gigolo.

KILLIAN
Ich habe ein Diplom.

LAILA
Und bestimmt viele Krankheiten. Wenn die Polizei dieses Gedicht anhört, werden wir alle angeklagt.

AGNETA
Wir wollten Julia nicht raus mobben, das war nur Gruppendynamik. Dagegen gibt es kein Gesetz.

RICARDA
Wisst Ihr, dass Roberta überhaupt nicht eingeschaltet werden muss?
Sie nimmt Informationen aus allen Telefonaten, Computereingaben und weiß der Teufel was noch alles, was wir einkaufen, verkaufen und suchen, auf und kreiert daraus Anwender-Profile.

Ich weiß nicht, wo das enden wird, aber ich bekomme ein mulmiges Gefühl.

GEORG
Jeder fünfte Haushalt hat so ein Gerät und mittlerweile unterhalten sich die Robertas und die anderen Arten solcher Geräte, wie Orpheus, Diktrom und Elsna miteinander und tauschen sich aus, was sie alles über uns wissen.

KLAUS
Ich sage nie wieder was vor einer Kamera oder am Telefon.

LAILA
Ich bekomme einen Anruf von Roberta. Ist das möglich?

ROBERTA
Schwachen Charakter erkannt und eliminiert.

Hallo Laila, was wollen wir heute tun?

Drehbücher des Autors

Paloma

Was die Augen nicht sehen, kann das Herz nicht fühlen. Paloma ist eine geheimnisvolle Figur aus Paul Riedels Kurzroman, die sowohl eine Faszination für Mode als auch für ihr Tagebuch hat, das sie bereits ihr Leben lang hütet. Paloma ist eine durch die dominante Persönlichkeit ihrer Mutter geprägte Frau, die sich ohne Hilfe durch das Leben kämpfen muss.

Eine spannender Krimi.

Virtuelle Liebe

Kurze Geschichten sind eine tolle Option für Unterwegs und bieten einen optimalen Lesespaß.

Der Umweltminister wurde von einer gierigen Reporterin in eine prekären Situation erwischt. Sein transsexueller Liebhaber aus Thailand droht seine Karriere zu Fall zu bringen.

Wer steckt hinter diesem Spiel?
Kann man die Lage noch retten?

Auch im katholischen Bayern sind nicht alle Liebesaffären christlich.

Die Muse

Es ist nicht leicht, sich in einer Branche durchzusetzen, die von einem kleinen Kreis beherrscht wird. Das stellt Myrte nach jahrelanger Arbeit als selbständige Kunsthändlerin und Kuratorin fest.
Bei der Jubiläumsfeier der Galerie Brenner erprobt sie ein neues Konzept, um ihre Konkurrenten zu übertreffen.

Doch mit einem hat sie nicht gerechnet: Menschen sind zu unterschiedlich – und nur eine Muse kann sie retten.

Wonderland

Ein Märchen umrandet den Kunstkatalog der Werke von Paul Riedel aus dem Jahr 2018. Angelehnt an die traditionelle Erzählung Lewis Carols „Alice im Wunderland", kreiert Paul Riedel eine eigene Version mit aktuellem philosophischen Ansichten.

Wonderland wurde ebenfalls als Hörspiel produziert und wurde von Karin Bergs und dem Red Moon Theater vorgetragen.

Weihnachts-Premium-Pack

Eine Frau namens Beta unterhält sich mit Mutter und freut sich auf eine neu erworbene Party.

Im dreihundert Jahren in der Zukunft hat sich die Gesellschaft sehr verändert. Religiöse Feiertage wurden abgeschafft, Regierungen sind nicht mehr existent, dafür regieren unabhängige, nicht gewinnorientierte Unternehmen, die Welt.

Holograme, virtuelle Kunst und Renaturierungen stehen im Mittelpunkt des Lebens der Einwohner des zerstörten Planeten.

Beta findet in der mitgelieferte Literatur Hinweise wie früher das Weihnachtsfest gefeiert wurde. Lesen Sie wie Beta ein echtes Weihnachten nach alter Vorlage feiert.

Weitere Veröffentlichungen des Autors

Deutsche Romane

- Altreia, Drama, 1998
- Geheimnis der verdorrten Rosen, Mystery, 2009 – Reimo Verlag *
- Virtuelle Liebe, Kurzroman, Thriller, 2016 *
- Paloma, Kurzroman, Krimi, 2016 *
- Die Muse, Kurzroman, Komödie, 2016 *
- Post Mortem Kino, Roman, 2016 *
- Die Heilerin, Roman, Thriller, 2017 *
- Geheimnis der verdorrten Rosen, Mystery, 2017 (neue Version) *
- Der Zauberspiegel des Eros, Roman, Thriller, 2017 *
- Das Tal, Roman, Thriller, 2017 *
- Jahreszeiten der Sünde, Roman, Thriller, 2018 *
- Die blutige Soiree des Grafen Rasnov, 2018 *

Englischer Roman

- Virtual Affairs, 2018 *

Deutsche Hörspiele

- Paloma, 2018
- Virtuelle Liebe, 2018
- Wonderland, 2018
- Die Muse, 2019

Kunstkataloge

- Geliebter Vater, 1995 *
- The new Artist, 1996 und 1997
- Liebe in Stücken, 2009 *
- Kunstkatalog, 2010
- Liebe in Stücken, Edition II, 2016 *
- Kunstkatalog, 2017 *
- Kunstkatalog, 2018 *
- Kunstkatalog, 2019 *
  (*) Gelistet in der Deutsche National Bibliothek und die Bayerische National Bibliothek